- Le Match -

Novel by

A.C.Quintero

Cover Art by Alan Ng
Chapter art by
J.Fierro

Copyright 2019 by A.C. Quintero. All rights reserved. No part of this book may be reproduced or transmitted in any form or by any means, electronic, or mechanical, including photography, recording or by any information storage or retrieval systems, without permission in writing from A.C. Quintero.

Acknowledgements

This novel would not have been possible if not for the help and dedication of a team of French Enthusiasts. I'd like to thank Theresa Marrama for her careful translation and crafting of the story in French.

I'd like to thank Cécile Lainé for her careful attention to detail. She helped to make this novel as comprehensible as possible in French.

Bon anniversaire

– Le match –

Chapitre 1 : Bon anniversaire

Chapitre 2 : Robert

Chapitre 3 : Le parc

Chapitre 4 : Tu es très spéciale

Chapitre 5 : Le cadeau

Chapitre 6 : Je veux mon ballon !

Chapitre 1
Bon anniversaire

Aujourd'hui[1], c'est un jour spécial. C'est le vingt-trois novembre, l'anniversaire d'Étienne. Étienne prend son **petit déjeuner**[2] avec sa famille. Son père est un bon chef cuisinier. Son père prépare un excellent petit déjeuner. Il prépare aussi un délicieux déjeuner pour son fils. Étienne est impatient pour le déjeuner.
    Il arrive à l'école et il parle avec beaucoup d'élèves. Les élèves parlent de sport, de jeux vidéos, mais personne ne lui dit : « Bon anniversaire ». Alors, Étienne est triste. Il est triste parce que personne ne lui dit : « Bon anniversaire ». Étienne entre dans la classe et la prof dit :

---

[1] Aujourd'hui : today

[2] petit déju-ner : breakfast

– **Tout le monde**[3], aujourd'hui est un jour très spécial. Quand Étienne entend « Aujourd'hui est un jour spécial », il **sourit**[4] et il pense, « Finalement, **quelqu'un se souvient**[5] qu'aujourd'hui est mon jour spécial ».

Tous les élèves écoutent pendant que la prof parle.

– Tout le monde, aujourd'hui est un jour spécial parce que c'est l'anniversaire de... Étienne est heureux quand il écoute la prof parler. ...Jenny ! dit la prof avec beaucoup d'émotion.

– Félicitations Jenny ! dit un élève.

– Quel âge as-tu aujourd'hui ? lui demande Christine.

– Nous allons te chanter « Joyeux anniversaire », Jenny, lui disent la prof et les élèves.

---

[3] Tout le monde : everyone

[4] sourit : smiles

[5] quelqu'un se souvient : someone remembers

Tous les élèves chantent **la chanson**[6]

« Joyeux anniversaire ». « Joyeux anniversaire, joyeux anniversaire, joyeux anniversaire Jenny, joyeux anniversaire ! »

– Merci. Je suis très heureuse ! s'exclame Jenny.

Elle est très heureuse parce que tous les élèves se souviennent qu'aujourd'hui est son anniversaire. Étienne attend quelques minutes parce qu'il pense que la prof va dire : « Tout le monde, aujourd'hui est aussi l'anniversaire d'Étienne. »

---

[6] chanson : song

– Tout le monde, ...pardon... J'ai une mauvaise mémoire, dit la prof.

Étienne écoute la prof attentivement. Étienne **veut entendre**[7] «Bon anniversaire. »

– **Sortez**[8] les projets sur l'identité.

Tous les élèves retournent à leurs chaises et la prof ne dit pas : « Bon anniversaire » à Étienne. Étienne est triste. Il pense, « Je ne suis pas important. Je ne suis pas spécial. »

---

[7] veut entendre : wants to hear

[8] Sortez : take out

Chapitre 2
Robert

C'est l'heure du déjeuner et Étienne est seul. Mais, il regarde son déjeuner et immédiatement, il est heureux. « **Au moins**[9] mon père m'a préparé un délicieux déjeuner », pense Étienne. Il a un sandwich au fromage. C'est sa nourriture favorite. Étienne mange le sandwich et pense : «Mon père est le meilleur chef cuisinier du monde.» Étienne **est sur le point de**[10] manger son sandwich, quand Robert arrive.

Robert est un garçon très arrogant. Il est grand, fort et très énergique ; il est aussi populaire à l'école parce que c'est un bon joueur de football. Robert a aussi la réputation d'être **une brute**[11].

---

[9] Au moins : at least

[10] est sur le point de : just about to

[11] brute : bully

– Merci, Étienne, dit Robert.

– Pourquoi tu me dis « merci » ?

– Pour le **cadeau**[12], répond Robert.

– Quel cadeau ? demande Étienne.

– **Ce**[13] sandwich ! dit Robert. Il prend le sandwich d'Étienne. – C'est mon sandwich ! s'exclame Étienne.

---

[12] cadeau : gift

[13] ce : this

– Non, Ce n'est pas ton sandwich. C'est mon sandwich ! Au revoir, **gros nul**[14] !
Robert regarde Étienne de nouveau et lui dit :

– Bon anniversaire !

Après, Robert court très rapidement. Maintenant, Étienne est furieux, mais il ne dit rien. Il est un peu timide et il n'aime pas avoir des problèmes à l'école. Aussi, il ne veut pas avoir de problèmes le jour de son anniversaire. Il pense à son délicieux sandwich et il pense : « **Je déteste**[15] mon anniversaire. »

---

[14] gros nul : loser

[15] Je déteste : I hate

Chapitre 3
Le parc

Quand l'école est finie, Étienne **voit**[16] son ami André.

– Salut Étienne. Comment ça va ?

– Comme çi comme ça, dit Étienne.

---

[16] voit : sees

– Comme çi comme ça ? Mais, aujourd'hui est ton anniversaire ! Bon anniversaire, mon **pote**[17] ! lui dit André.

André lui chante la chanson : « Joyeux anniversaire, joyeux anniversaire, joyeux anniversaire Étienne, joyeux anniversaire ! »

Maintenant, Étienne est un peu heureux.

– Merci mon ami, mais aujourd'hui n'est pas un jour très spécial, dit Étienne.

– Quoi ? Ton anniversaire est très spécial ! dit André.

– Non, mon anniversaire n'est pas spécial. En classe, les élèves ne se souviennent pas du jour de mon anniversaire. La prof ne se souvient pas du jour de mon anniversaire. Et Robert a **pris**[18] mon déjeuner.

– Robert a encore ton déjeuner ? Il est méchant !

---

[17] pote : pal

[18] a pris : took

– Oui, il est méchant. Il prend mon déjeuner presque tous les jours. Le jour de mon anniversaire est horrible.

– Ce n'est pas très important. Je suis ton ami et je n'ai pas oublié ton anniversaire ! lui dit André.

– Tu m'a dit « Joyeux anniversaire », mais Christine ne m'a pas dit « Joyeux anniversaire, Étienne ». Elle a dit «Joyeux anniversaire » à Jenny.

– Oh, je comprends. Tu aimes Christine. Christine **sait**[19] qu'aujourd'hui est ton anniversaire ? demande André.

– Oui, elle le sait. Et... elle ne m'aime pas.

– Christine. **Je suis fou d'elle**[20]. C'est une fille très spéciale, dit Étienne.

– C'est la vie, mon pote ! Les filles n'ont pas une bonne mémoire. ... Christine

---

[19] sait : knows

[20] Je suis fou d'elle : I really like her

n'est pas importante... Le foot est important. Tu veux jouer au foot ? demande André.

– **D'accord**[21], mais je n'ai **pas de ballon**[22] dit Étienne.

– Robert a un ballon peut-être, dit André.

– Je ne veux pas jouer avec Robert ! Il a pris mon sandwich.

– C'est vrai...Il est méchant ! dit André encore une fois.

Étienne et André marchent vers le parc. **Soudain**[23], Étienne entend son nom :

– Étienne ! Étienne ! Étienne ! crie la personne.

Étienne regarde, mais il ne voit personne.

– Étienne! Étienne! crie la personne encore une fois.

---

[21] D'accord : ok, yes

[22] ballon : soccer ball

[23] soudain : suddenly

– C'est Christine, dit Étienne avec beaucoup d'émotion.
– Salut, Étienne. Comment ça va ? dit Christine.
– Comme çi comme ça. Et toi ? répond Étienne.
– Aujourd'hui, je suis heureuse, dit Christine.
– Pourquoi es-tu heureuse ? demande Étienne.
– Parce que c'est ton anniversaire !
« Joyeux anniversaire, joyeux anniversaire, joyeux anniversaire Étienne ! » chante Christine.

Étienne est très heureux. Il a un grand sourire.
– Merci, Christine, dit Étienne.
– J'ai un cadeau pour toi, dit Christine.
– Tu as un cadeau pour moi ? demande Étienne.

— Oui, j'ai un cadeau pour toi… C'est un nouveau ballon, dit Christine.

Christine **lui donne**[24] un ballon de football. André regarde le ballon et il est heureux parce qu'ils ont besoin d'un ballon pour jouer au football. André court au parc pour dire à ses amis qu'ils ont déjà un ballon.

— Merci, Christine! Tu as une très bonne mémoire ! s'exclame Étienne.

---

[24] lui donne : gives him

– **Bien sûr**[25] ! Les filles ont une très bonne mémoire ! dit Christine

–Tu as la meilleure mémoire, Christine s'exclame Étienne.

– Bon, ton anniversaire est un jour spécial, répond Christine.

– Étienne, j'ai une carte... Christine ne finit pas sa phrase parce qu'Étienne l'interrompt:

– Christine...tu es très spéciale, dit Étienne.

Il y a un silence pendant lequel Christine ne dit rien. Christine regarde seulement Étienne. Étienne regarde Christine.

---

[25] Bien sûr : of course

Chapitre 4
Tu es très spéciale

Étienne regarde Christine, mais elle ne dit rien. Il y a un silence. Il y a un silence parce qu'Étienne a dit :«Tu es très spéciale. »
À ce moment, Étienne voit Robert. Robert regarde Étienne et Christine.

– Salut, Comment allez-vous ? dit Robert.

Robert a un grand sourire parce qu'il a pris le sandwich d'Étienne. Christine ne dit rien. Étienne ne parle pas non plus.

– Salut. Comment allez-vous ? répète Robert.

– Ça va mal… **Et j'ai faim**[26] ! s'exclame Étienne.

---

[26] Et j'ai faim : I'm hungry

– Ton sandwich **était**[27] très délicieux ! dit Robert, en se **léchant les doigts**[28]. Robert regarde **la main**[29] d'Étienne.

– Qu'est-ce que tu as dans la main? demande Robert.

– C'est un ballon, répond Étienne.

– C'est un cadeau ? demande Robert.

– Oui, c'est un cadeau, confirme Étienne.

– Qu'est-ce que c'est romantique! Qui t'**a donné**[30] un cadeau ? demande Robert, regardant Christine.

Christine ne dit rien parce qu'elle lui a donné le cadeau.

– Qui t'a donné ce cadeau? dit Robert, répétant la question.

– Moi ! répond Christine.

---

[27] était : was

[28] se léchant les doigts : licking his fingers

[29] la main : hand

[30] a donné : gave

– Le cadeau est de toi ? **Mon amour**[31], tu es très spéciale ! Vous êtes amis ? demande Robert.

– Mon amour ? Vous êtes petits amis ? demande Étienne.

– Oui, nous étions petits amis. Christine, tu ne lui as pas dit que nous sommes petits amis ? demande Robert, en regardant Christine.

Elle ne dit rien. Étienne regarde Christine.

– Depuis combien de temps est-ce que vous êtes petits amis ? demande Étienne.

– Une semaine… pas beaucoup de temps, dit Christine.

– Une semaine ? Mon amour, tu es amnésique. Ça fait trois semaines !

– Pardon, ça fait trois semaines, dit Christine.

---

[31] Mon amour : my darling

– Mon amour, pourquoi je n'ai pas reçu un ballon le jour de mon anniversaire ?... Étienne est plus spécial que moi ? demande Robert.

– Nous sommes amis, rien de plus, dit Christine.

Étienne regarde Christine. Après, il regarde Robert et il pense, « Mon anniversaire est horrible. »

Chapitre 5
Le cadeau

Robert regarde Étienne intensément. Après, il regarde le ballon. Robert n'aime pas du tout le cadeau de Christine. « C'est ma petite amie », pense Robert. Robert a une idée. Il veut donner une bonne leçon à Etienne et il veut montrer à Christine qu'il est un petit ami parfait.

– **Ça te dit de**[32] faire un match de football pour ton jour spécial ? demande Robert.

Robert sait qu'il est un bon joueur de football. Il sait aussi qu'Étienne ne joue pas bien au football. Étienne accepte **le défi**[33].

– O.K. dit Étienne avec beaucoup de confiance.

---
[32] Ça te dit de : how about

[33] le défi : the challenge

À ce moment, Robert s'approche d'Étienne et lui dit :

— **Fais attention, mon ami**[34], Christine est ma petite amie. Et maintenant, ton ballon est mon ballon ! Robert **lui prend le ballon des mains**[35].

— **Donne-moi**[36] mon ballon ! s'exclame Étienne.

— Ton ballon ? Ha ! Maintenant, c'est mon ballon, dit Robert.

— Robert, tu es cruel ! Ce n'est pas ton ballon ! dit Étienne.

Ensuite, Robert s'approche de Christine. **Il lui donne un baiser**[37] **sur la joue**[38].

— Tu es mon amie spéciale. Tu comprends ? Tu es ma petite amie, dit Robert.

---

[34] Fais attention, mon ami : be careful my friend

[35] lui prend le ballon des mains : takes the ball from him

[36] Donne-moi : give me

[37] Il lui donne un baiser : kisses her

[38] sur la joue : on the cheek

Christine ne dit rien. Elle est triste parce que maintenant Robert a le cadeau d'Étienne.

– Tu veux jouer avec mon nouveau ballon. **Allons-y**[39], mon amour, lui dit Robert.

Christine marche vers Étienne. Elle lui donne la main. Mais, Étienne ne veut pas la main de Christine. Il veut embrasser Christine. Christine lui donne la main.

– Nous allons au parc ? demande Christine.

– Oui, nous allons au parc... Robert n'est pas un bon petit ami pour toi, dit Étienne.

Quand Christine prend la main d'Étienne, elle lui donne **une carte**[40] d'anniversaire. Il ouvre la carte. Elle écrit un message ! Il lit le message et il dit :

---
[39] Allons-y : let's get out of here

[40] une carte : a card

– Quoi ?

À ce moment, André, son ami, revient.

– Qu'est-ce qui s'est passé avec Robert ? Nous allons jouer au football ? Où est ton cadeau ?

– Robert a mon ballon, dit Étienne.

– Quoi? Mais, comment ?... Qu'est-ce que tu as dans la main ? demande André.

André prend rapidement la carte d'Étienne.

– Donne-moi la carte ! s'exclame Étienne.

– C'est une carte... de Robert? demande André.

– Ce n'est pas de Robert, idiot ! dit Étienne. André lit la carte et dit :

– Ça alors ! André regarde Étienne et lui demande :

– Est-ce que Christine t'a donné cette carte ?

—Oui –répond Étienne.

– Quelle chance ! s'exclame André.

–Ce n'est pas bien, ça ! Christine est la petite amie de Robert, répond Étienne.

– La petite amie de qui ? demande André.

– De Robert, répond Étienne. –Ha ! Cette situation est très intéressante. J'aime le drame !

André continue à parler.

– Robert a ton ballon, et la fille que tu aimes. Aujourd'hui n'est pas un bon anniversaire pour toi. Étienne ne dit rien. Maintenant, il est furieux.

– Allons-y...André dit Étienne.

– Où allons-nous ? demande André.

– Robert a deux **choses**[41] que je veux dit Étienne dans un ton furieux.

---

[41] choses : things

– Il a **seulement**[42] ton ballon... n'est-ce pas ? répond André.

– Robert a mon ballon... Il a aussi la fille que j'aime dit Étienne furieux. – Allons-y... Je vais jouer au football ... contre Robert !

– Mais, Robert est un bon joueur de football... Et tu ne joues pas très bien... **murmure**[43] André.

– C'est mon anniversaire, et je vais lui donner une bonne leçon, dit Étienne.

– **Enfin**[44], ça c'est « l'Étienne » que j'aime! Allons-y !

---

[42] seulement : only

[43] murmure : in a whisper

[44] Enfin : finally

Chapitre 6
Je veux mon ballon !

Étienne et André marchent vers le terrain de football. Étienne analyse la carte de Christine. La carte dit : « Joyeux anniversaire, tu es plus qu'un bon ami ».

Étienne et André vont voir à Pierre. Pierre est le meilleur ami de Robert.

– Salut, Étienne. Aujourd'hui est ton anniversaire ! Étienne ignore le « Joyeux anniversaire. » de Pierre.

– Où est Robert ? –demande Étienne.

– Il est là-bas...Tu vas jouer ? demande Pierre. Étienne regarde Robert et répond :

– Oui, je vais jouer.

Étienne et André entrent dans le match de football. Étienne regarde tous **les joueurs**[45]. Soudain, Étienne voit que Robert

---

[45] les joueurs : players

a son ballon. Le match continue. Les garçons courent avec le ballon. Christine regarde le match. Mais elle n'est pas heureuse. Elle n'est pas heureuse parce que Robert a le cadeau d'Étienne. C'est un cadeau très spécial.

Robert parle à ses amis pendant le match.

– **Passe-moi**[46] le ballon. Pierre passe le ballon à Robert.

– Court Robert ! Court Robert ! crie Pierre avec beaucoup d'émotion.

Robert court. Il veut **marquer**[47] un but, quand, soudain, Étienne lui **prend le ballon**[48].

---

[46] Passe-moi : pass me

[47] marquer : to score

[48] lui prend le ballon : take the ball from him

Étienne a le ballon. Il court rapidement et marque un but.

– But !!!!!!!! crie André.

Le match est fini. L'équipe d'Étienne **gagne**[49]. Tout le monde parle à Étienne.

– Tu es un **crack**[50] ! dit Pierre.

---

[49] gagne : wins

[50] un crack : very good player

— **Tu as marqué**[51] un but le jour de ton anniversaire ! Parfait, bon anniversaire ! s'exclame André.

Mais, Robert n'est pas heureux. Il n'est pas heureux parce que c'est un bon joueur de football. Robert n'accepte pas les résultats du match. Aussi, Robert est furieux parce que Christine **a vu**[52] tout le match. Robert regarde Étienne. Il voit qu'Étienne est très heureux. Il voit aussi qu'Étienne célèbre les résultats du match. À ce moment, Robert lui dit :

— Tu es un **gros nul** [53] !

Étienne ignore le commentaire de Robert. Il célèbre son but avec ses amis. Pierre accepte les résultats du match. Il regarde le ballon de Robert.

---

[51] Tu as marqué ; you scored

[52] a vu : saw

[53] gros nul : loser

– Robert, j'aime ton ballon... C'est un excellent ballon ! dit Pierre.

– Merci, c'est un nouveau ballon. Le ballon est de....

À ce moment Étienne interrompt Robert :

– C'est mon ballon. C'est un cadeau de Christine. Je veux mon ballon ! Pierre est **perdu**[54] :

– Christine, ta petite amie ? Pourquoi Christine a donné un ballon à Étienne? demande Pierre ?

– Étienne, tu es un gros nul. C'est mon ballon et Christine est ma petite amie, dit Robert.

– C'est mon ballon... et j'aime Christine. Tu n'es pas un garçon bien pour Christine, dit Étienne.

– Je suis parfait pour Christine.

---

[54] perdu : confused

C'est elle est ma petite amie, dit Robert.

– Oui, mais elle ne veut pas être ta petite amie, dit Étienne.

– Qu'est-ce que tu dis ? Tu es fou. Je suis le meilleur petit ami pour Christine. Je suis le cadeau parfait pour elle, dit Robert.

– Donne-moi le ballon, ordonne Étienne.

– Maintenant c'est mon ballon, Christine est ma petite amie. C'est un anniversaire parfait, non ? dit Robert d'un air sarcastique.

Étienne regarde Robert. Les deux garçons sont face à face.

– Je veux mon ballon tout de suite. Ce n'est pas ton ballon, dit Étienne.

À ce moment Christine marche vers Étienne et Robert.

– Christine, allons-y. Je n'ai pas de temps pour cet idiot, dit Robert.

– Robert, non ! Tu es cruel. Étienne n'est pas idiot. C'est mon ami, dit Christine.

– C'est ton ami, mais je suis ton petit ami. Allons-y ! dit Robert.

– Robert... Je ne veux pas être ta petite amie, dit Christine.

– Quoi ? Christine, tu es très drôle. Maintenant, allons-y, dit Robert.

– Robert, je suis sérieuse. Je ne veux plus être ta petite amie. Tu es cruel, tu n'es pas sympathique et tu es une brute. J'aime **les gens biens**[55] dit Christine.

Robert regarde Christine. Étienne regarde Robert. André regarde le ballon. À ce moment, Étienne prend son ballon.

– C'est mon ballon, dit Étienne.

Robert ne dit rien. Il est surpris par les actions d'Étienne. Normalement, Étienne est un garçon très timide. Robert pense à ses actions. Il n'a plus le ballon. Il n'a plus de petite amie.

---

[55] les gens biens : good people

– Au revoir, Robert, dit Christine. Étienne regarde Christine.

– Allons-y, Christine. Christine regarde le ballon et elle regarde Étienne et dit : « Joyeux anniversaire. »

– Merci, Christine. Tu es très spéciale, dit Étienne

—Toi aussi, tu es très spécial.

Glossaire:

A
a - has
actions - actions
âge - age
ai - (I) have
aime - (I) (s/he) likes
aimes - (you) like
air - air
allez - (you) go
allons - (we) go
alors - so
ami(s) - friend(s)
amie - friend (female)
amnésie - amnesia
amour - love
analyse - (s/he) analyzes
anniversaire - birthday
après - after
arrive - (s/he) arrives

arrogant - arrogant
as - (you) have
attend - (s/he) waits for
attendre - to wait
attentivement - attentively
au - to the / made of
aujourd'hui - today
au moin - at least
au revoir - goodbye
aussi - also
avec - with
avoir - to have

B
baiser - kiss
ballon - ball
beaucoup - a lot
besoin - need
bien - well
bien sûr - of course
bon(ne)(s) - good
but - goal

C

Ça fait - it's been
cadeau - gift
carte - card
ce - this
cet - this
cette - this
chaises - chairs
chanson - song
chante - (s/he) sings
chantent - (they) sing
chanter - to sing
chapitre - chapter
chef - chef
cherchez - (you) look for
choses - things
classe(s) - class(es)
combien - how much/many
comme çi comme ça - so-so
comment - how
commentaire - comment
comprends - (you) understand
confiance - confidence

confirme - (s/he) confirms
continue - (s/he) continues
courent - (they) run
court - (s/he) runs
crie - (s/he) yells
cruel - cruel

D
dans - in
de
défi - challenge
déjeuner - lunch
délicieux - delicious
demande - (s/he) asks
des - some
déteste - (s/he) hates
deux - two
dire - to say/tell
dis - (you) say/tell
disent - (they) say
dit- (s/he) says
doigts - fingers

donné - gave
donne - (s/he) gives
donner - to give
drame - drama
du - of / about
du tout -at all

E
école - school
écoute - (s/he) listens
écoutent - (they) listen
écrit - (s/he) writes
élève(s) - student(s)
elle - she
embrasser - to hug
émotion - emotion
en - in / while
encore une fois - again
énergique - energetic
enfin - finally
entend - (s/he) hears
entendre - to hear
entre - (s/he) enters

entrent - (they) enter
équipe - team
es - (you) are
est - (s/he) is
et - and
était - was
êtes - (you all) are
être - to be
excellent - excellent
exclame - (s/he) exclaims / shouts

F
face à face - face to face
faim - hunger
fais attention - be careful
famille - family
favorite - favorite
félicitations - congratulations
fille(s) - girl(s)
fils - son
finalement -finally
finit - (s/he)
football - soccer

fort - strong
frère - brother
fromage - cheese
furieux - furious

G
gagne - (s/he) wins
garçons - boys
grand - big

H
heure - o'clock
heureuse - happy
heureux - happy
horrible - horrible

I
idée - idea
identité - identity
idiot - idiot
ignore - (s/he) ignores
il - he
Il y a - there is/are

ils - they
Immédiatement - immediately
important(e) - important
intéressante - interesting
intensivement - intensely
intéressante - interesting
interrompe - (s/he) interrupts

J
je /j' - I
je suis fou d'elle - I really like her
jeux vidéo - video games
joue - (s/he) plays
joue - cheek
jouer - to play
joues - (you) play
joueur(s) - player(s)
jour(s) - day(s)
joyeux anniversaire - happy birthday

L
l' - the / her
la - the

là- bas - over there
le - the
léchant - licking
leçon - lesson
les - the
leurs - their
lit - bed
lui - to him / her

M
m' - me / to me
ma - my
main - hand
maintenant - now
mais - but
mal - badly
mange - (s/he) eats
manger - to eat
marche - (s/he)
marchent - (they) walk
marqué - scored
marque - (s/he) scores
marquer - to score

match - game
mauvais - bad
me - me / to me
méchant - mean
meilleur(e) - best
merci - thanks
mes - my
message - message
minutes - minutes
moi - me
mémoire(s) - memory / memories
moment - moment
mon - my
monde - world
montrer - to show
murmure - whisper

N
ne ... pas - not
nom - name
non - no
normalement - normally
nourriture - food

nous - we
nouveau - new
novembre - november

O
ont - (they) have
ordonne - (s/he) orders
où - where
oublié - forgot
oui - yes
ouvre - (s/he) opens

P
par - by
parc - park
parce que - because
pardon - excuse me
parfait - perfect
parle - (s/he) talks
parlent - (they) talk
parler - to talk
passe - (s/he) passe

passe-moi - pass me
pendant - for / during
pendant qu' - while
pense - (s/he) thinks
perdant - loser
perdu - lost
personne - no one / personne
personnes - people
petit(e)(s) - small
peu - a little
peut - (s/he) can
phrase - sentence
plus - more
populaire - popular
pour - for
pourquoi - why
prend - (s/he) takes
prépare - (s/he) prepares
presque - almost
pris - took
problemes - problems
prof - teacher
projets - projects

Q

qu' - that
quand - when
que - that
quel(le) - what
quelque(s) - some
question - question
qui - who
quoi - what

R

rapide - fast
rapidement - quickly
regardant - looking
regarde - (s/he) looks
répétant - repeating
répond - (s/he) responds
réputation - reputation
resultats - results
retournent - (they) return
revient - (s/he) comes back
rien - nothing

romantique - romantic

S

sa - his/her
sait - (s/he) knows
salut - hi
sandwich - sandwich
s'approche - (s/he) approaches
sarcastique - sarcastic
semaine(s) - week(s)
sérieuse - serious
ses - his/her
s'est passé - happened
se terminent - (they) finish / end
seul - alone
seulement - only
silence - silence
situation - situation
sommes - (we) are
son - his/her
sont - (they) are
soudain - suddenly
sourire - to smile

sourit - (s/he) smiles
se souviennent - (they) remember
se souvient - (s/he) remembers
spécial(e) - special
sport - sport
suis - (I) am
sur - on
sur le point de - just about to
surpris - surprised
sympathique - sympathetic

T
ta - your
te - you / to you
temps - time
terrain - field
timide - shy
toi - you
ton - your
tous - all
tout
tout de suite - right away
tres - very

triste - sad
trois - three
tu - you (singular)

U
un(e) - a

V
va - (s/he) goes
vais - (I) go
vas - (you) go
vers - towards
veut - (s/he) wants
veux - (I) (you) want
vie - life
vingt - twenty
voit - (s/he) sees
vont - (they) go
vous - you (plural)
vrai - true
vraiment - really
vu - saw

Made in the USA
Columbia, SC
06 August 2025